만화로 보는 **복음에 빚진 사람**

만화로 보는 복음에 빚진 사람

초판 1쇄 발행 | 2022년 4월 18일

지은이 | 이민교
그린이 | 김민재
펴낸이 | 최건웅
편집 | 이한민
디자인 | Design IF
펴낸곳 | 도서출판 사도행전
주소 | 서울시 강남구 개포로 24길 36, 103호
전화 | 02)443-0883
이메일 | newkorea38@gmail.com
카톡아이디 | sonkorea
등록번호 | 465-95-00163
공급처 | (주)비전북 031-907-3927

책값은 뒷표지에 있습니다. 잘못된 책은 바꾸어 드립니다.
ISBN 979-11-978062-0-9 47230

이민교 지음
김민재 그림
조봉희 목사 추천

소록도 법당에서 성령님을 만나고
농아들의 친구가 된 **이민교 선교사의 '복음행전'**

만화로 보는
복음에 빚진 사람

차례

책을 내면서		…	6
추천사		…	8
1장.	손으로 말하는 사람들	…	9
2장.	착한 일을 한 나에게 어째서	…	21
3장.	소록도에서 만난 첫사랑	…	31
4장.	농인을 위해 수화를 배우다	…	41
5장.	법당으로 찾아오신 예수님	…	49
6장.	교도소에서 전도하고 세례받다	…	69
7장.	나무 십자가 지는 목사가 되어	…	81
8장.	우즈베키스탄의 농아 축구팀	…	91
9장.	세상에서 가장 귀한 일	…	105
10장.	하나님께서 맡기신 사명	…	115
11장.	패스 잘 하는 인생이 되자	…	125
12장.	아 숨이 차도록 감사합니다	…	139

책을 내면서

캐나다 밴쿠버 코스타(KOSTA 해외유학생수련회)에서
상담을 요청한 학생의 눈빛이 지금도 가슴에 남아 있다.
"저 죽고 싶어요. 자살을 몇 번 시도해 봤어요.
어떻게 하면 좋을까요?"
나는 그 학생에게 진짜(!)로 죽을 수 있는 방법을 알려주었다.
"예수를 '대그빡'('머리'의 전라도 사투리)으로 알면
아무 힘이 없어!
삶으로 풀어내야지!"
그렇게 말해주던 순간을 잊을 수 없다.

예수를 삶으로, 복음을 삶으로 풀어냈던 나의 이야기,
〈복음에 빚진 사람〉이 출간된 지 12년 만에
웹툰 만화 김민재 작가의 혼과 열을 담아

'청소년을 위한 복음의 유통'을 위해 클릭(click)되도록,
만화책이 되어 세상에 나왔다.

"나는 누구인가?"
"왜 사는가?"
"어떻게 살 것인가?"
이 책이 이런 질문에 대한 답이 되고 싶다.

겨울 밤바다를 표류하는 돛단배에 실린 것 같은 청소년들이
이 한 권의 만화책을 통해 빛을 만나
하늘 생명으로 잉태되기를.

이민교

추천사

아숨차이오!
하나님은 한 사람을 통해서 일하신다.
그렇기 때문에 하나님의 사람을 만나는 것은
하나님을 만나는 것이다.
하나님의 사람을 만나는 것은 언제나 가슴 벅찬 일이다.
이 책에 가슴 뛰는 하나님의 사람 이야기가 있다.
아니, 하나님의 가슴을 뛰게 하는 한 사람이 있다.
짧은 만화책이지만, 우리의 가슴을 뛰게 하기에도
부족함이 없다.
누구든지 하나님께 쓰임 받으면 범인(凡人)에서
대인(大人)이 된다.
이 책을 접하는 모든 이들이 대인이 되기를!

지구촌교회 선교목사 **조봉희**

1장

손으로 말하는 사람들

그러던 어느 날.
2001. 9. 11

어머, 어머!!!

왜? 무슨일이야?!

주여!!!

저, 저런!!

충격적인 테러 사건 후에, 개인적으로 또 한 번 충격적인 소식이 전해졌는데...

?!

중앙아시아 무슬림들이 기독교를 부시의 종교로 간주해 선교사들을 추방하려는 움직임이 보입니다.

네?!

구오오오오 -

잘 있어라.

2장

착한 일을 한 나에게 어째서

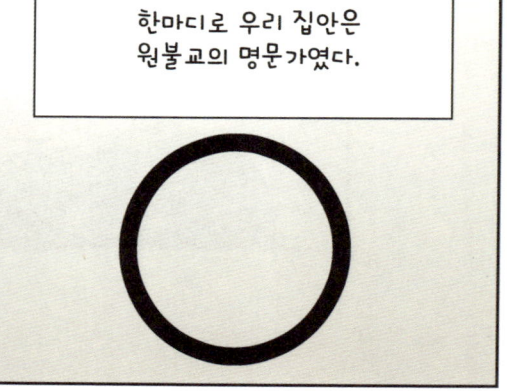

3장

소록도에서 만난 첫사랑

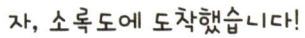

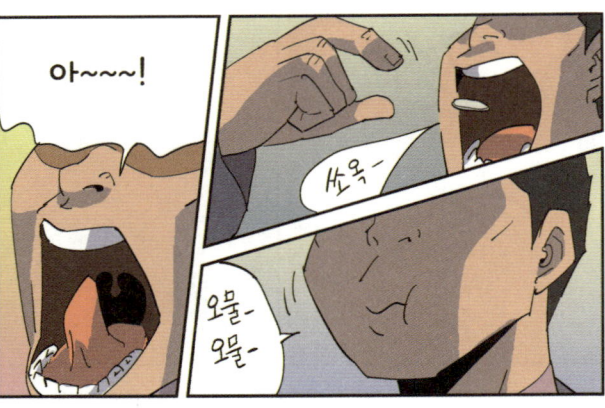

세상엔 가난하고 병들고 장애를 가진 사람들이 이렇게나 많은데...

나는 왜 건강하지?
내가 뭘 잘해서 건강한 걸까?!
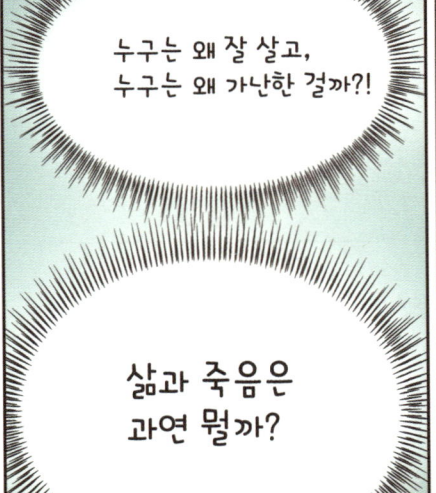
누구는 왜 잘 살고, 누구는 왜 가난한 걸까?!

삶과 죽음은 과연 뭘까?

이러한 고민들로 가득차자, 난 대학교에 입학만 해놓고 2년 가까이 다니지 않았다.

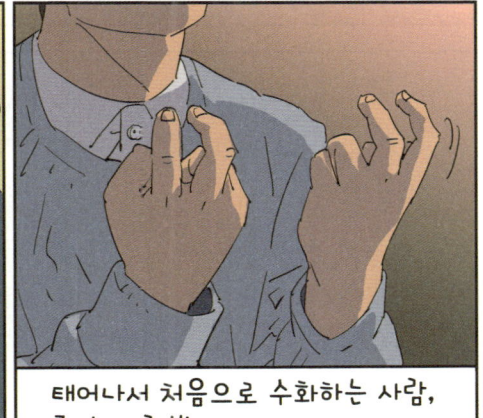

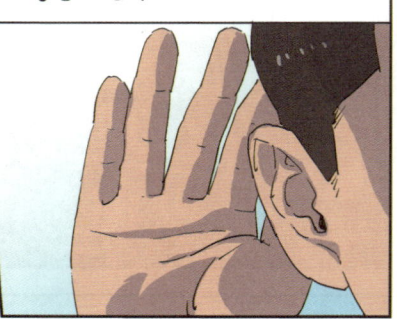

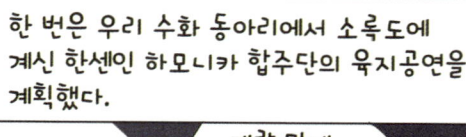

5장

법당으로 찾아오신 예수님

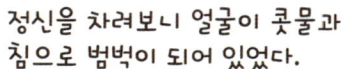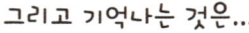

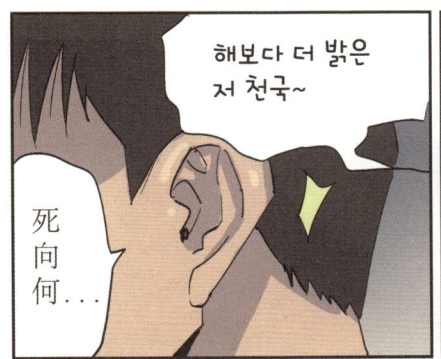

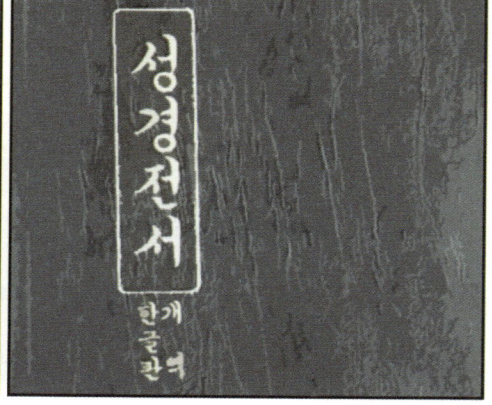

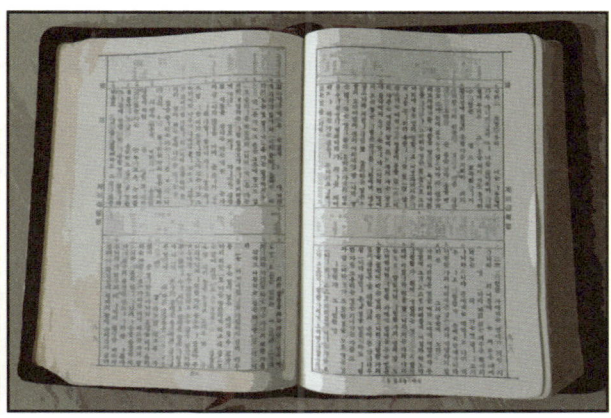

놀라운 일이다! 내가 법당 안에서 성경을 보고 있다니.

그나저나, 무슨 말인지 도무지 이해가 안 가네...

그렇게 잘 외던 염불도 안 되니, 뭐, 할 일도 없고, 올 사람도 없으니.

태초에 말씀이 계시니라 이 말씀이 하나님과 함께 계셨으니 이 말씀은 곧 하나님이시니라 그가 태초에 하나님과 함께 계셨고 만물이 그로 말미암아 지은 바 되었으니 지은 것이 하나도 그가 없이는 된 것이 없느니라 그 안에 생명이 있었으니 이 생명은 사람들의 빛이라 빛이 어둠에 비치되 어둠이 깨닫지 못하더라(요 1:1-5)

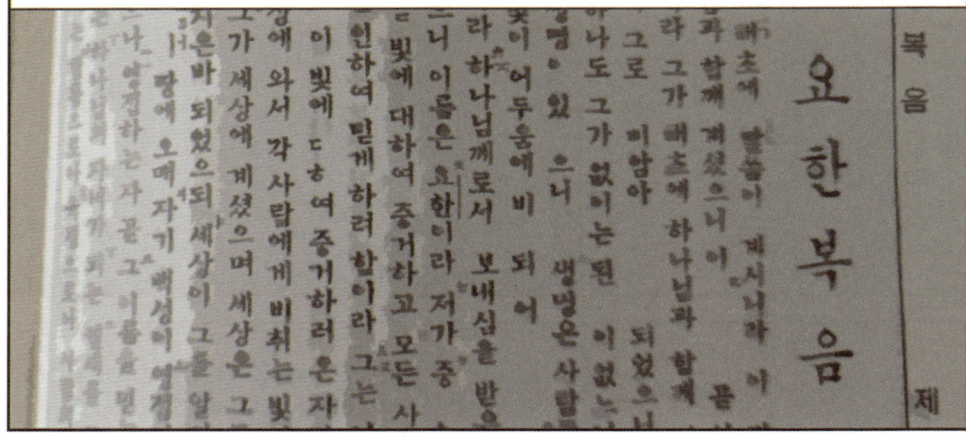

말씀이 육신이 되어 우리 가운데 거하시매 우리가 그의 영광을 보니 아버지의 독생자의 영광이요 은혜와 진리가 충만하더라(요 1:14)

그 빛이 내게도 비쳤다. 불교 교리에 익숙했던 나에게 요한복음은 마치 살아 움직이듯 다가왔다.

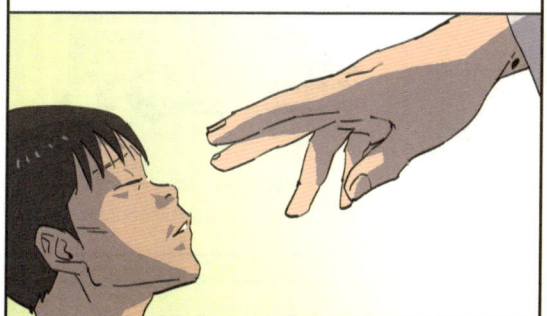

또한 나 역시 그동안 영적으로 앞을 못 보던 자였음을 깨달았다.

순간 고백이 터져 나왔다.

예수는 그리스도시오.
살아계신 하나님의 아들입니다!

나는 이날부터 참된 양식을 먹겠다는 생각에...

요한복음서를 찢어 먹기 시작했다.

이왕 먹는 거 맛있게 먹어야겠다.

비빔밥에도 넣어서 비벼먹고~.

미역국에도 넣어서 먹어야지~!

지금 생각해보면, 어린애같이 단순 무식한 행동이었지만, 그만큼 순수한 때이기도 했다.

6장

교도소에서 전도하고 세례받다

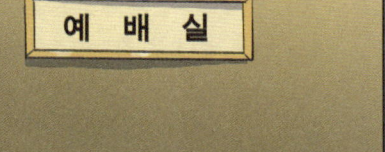

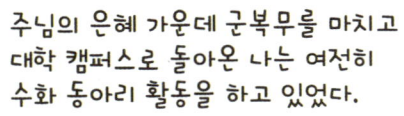

7장

나무 십자가 지는 목사가 되어

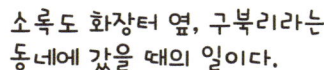

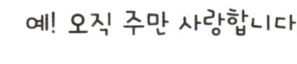

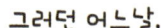

축구공 사건이 있은 후, 문득 이런 생각이 들었다.

아! 농아 사역도 이렇게 해보면 되지 않을까?

처음엔 우즈벡의 수도 타슈켄트에 있는 농아들을 모아 축구 시합을 열고, 잔치까지 베풀었다.

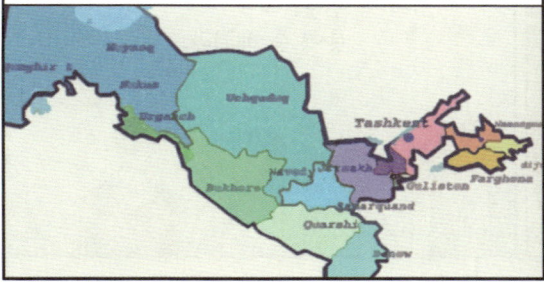

이후엔 사마르칸트를 비롯한 다른 도시에서도 축구대회를 개최해서 농아들을 모았다.

이러한 일은 곧 소문이 나서 100여명의 축구를 좋아하는 농아가 모이게 되었고.

3, 4년에 걸쳐 30명에 달하는 선수를 선발했다.

그 중에 유독 눈에 띄는 아이가 한 명 있었는데.

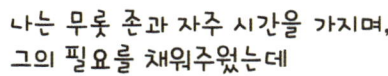

무릇 존이 방언을 받았다!

그리고 그는 하루에 두 갑씩 피던 담배를 한순간에 끊어버렸다.

더욱 놀라운 것은 그의 고백이었다.

예수님은 제 생명이자, 제 삶의 목적입니다! 예수님은 저를 치유하셨고 회복시키셨습니다.

그 후 그는 모든 핍박을 참아가며 모스크바에서 신학을 공부하고,

우즈벡 농아교회에서 전도사로 농아들을 섬기는 사역자가 됐다.

예전엔 가족들이 농아라서 농아인들을 멀리했지만, 이젠 모든 농아인들이 나의 친구들입니다!

결과는 우리의 패배였다...

대체 어떻게 된 거지?! 엉뚱하게 차도 하나님께서 골을 만들어 주셨는데... 하물며 실력도 우리 팀이 덜하지 않은데...

주님. 대체 우리 팀이 왜 진 건가요?!

너희 중에 죄 지은 사람이 있다.

번쩍

하나님께서 여호수아서 7장의 '아간의 죄'가 우리 선수들 중에 있음을 깨닫게 해주셨다.

그리고 이 일을 선수들과 나누었다.

사건은 이러했다. 바로 이 아이가 일본팀이 연습을 할 때, 일본 팀의 공을 몰래 빼돌렸던 것이었다.

잘못했습니다. 용서해 주세요.

......

이 사건으로 놀라운 일이 생겼다.

우리 선수들은 하나님이 정말 살아 계시다는 사실을 믿게 되었고, 많은 선수들이 회개하고 예수님을 영접했다.

자, 우리가 하나님 앞에서 회개 했으니 3, 4위전에서 믿음을 가지고 최선을 다하자!

선수들은 다른 어떤 경기보다 더 열심히 뛰었고,

우리 팀은 카자흐스탄을 3대0으로 이기고 동메달을 목에 걸었다.

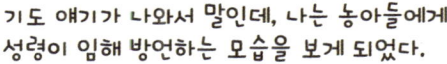

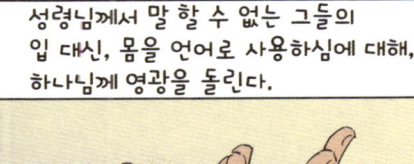
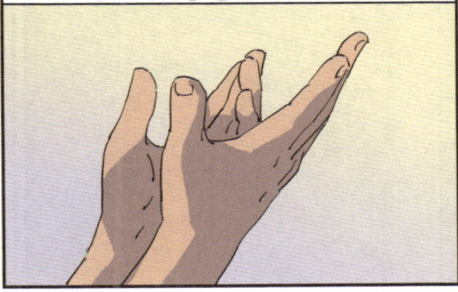

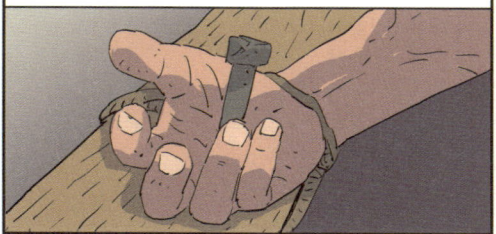
평소 신의 저주를 받았다고 여기는 이들이 자신도 사랑 받는 존재임을 아는 순간, 영적 회복이 이루어진다.

이와 관련해 소록도 어르신들의 한결 같은 고백이 떠오른다.
만약에 내가 나병 환자가 아니었더라면…

난 예수 안 믿었을 거야. 그런 날 아시고 이렇게 나병 환자로 만들어 줘서 예수 믿게 하셨으니 이 얼마나 감사해?!

문둥이란 소리 들어도 예수 믿게 하셨으니 모든 게 은혜요. 감사할 뿐이지.

믿을지 모르겠지만, 난 정말 행복해. 예수 믿고 기쁨이 가득하니 행복하지!

자신의 모습을 그대로 받아들이며 감사해하는 이들의 영성을 난 '소록도의 영성'이라 부른다. 오늘날 우리가 배워야 할 영성이다.

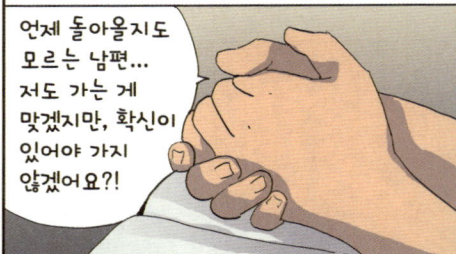

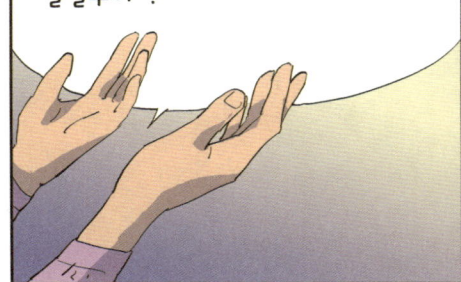

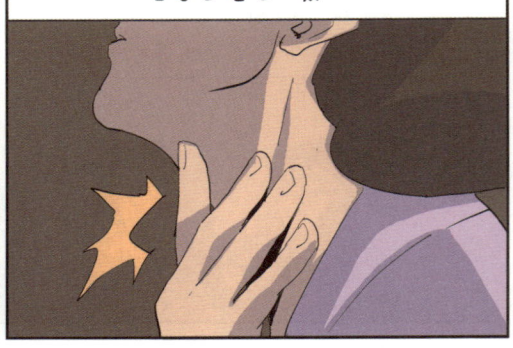

10장

하나님께서 맡기신 사명

9. 11 테러가 일어나자 5명의 한국인 선교사와 미국 선교사 15명이 그 땅을 떠나야 했다.

6개월 정도 지나자.

체육부 장관입니다. 아시안 게임이 얼마 남지 않았으니 조용히 들어오세요.

그러나 2003년 3월, 이라크 전쟁이 발발하자 다시 추방 지시가 내렸다.

추방 집행 전까지 한 영혼이라도 구원해야 한다는 심정으로 세례를 베풀며 복음을 전했다.

아, 우리를 구원하시려는 주님의 마음은 얼마나 절실하셨을까...

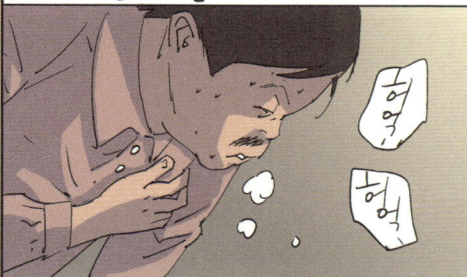

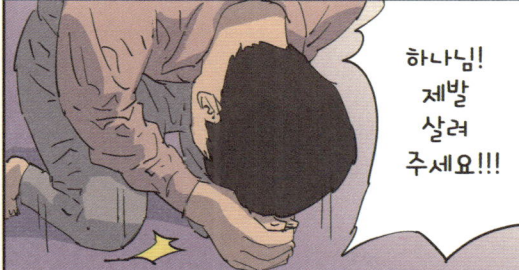

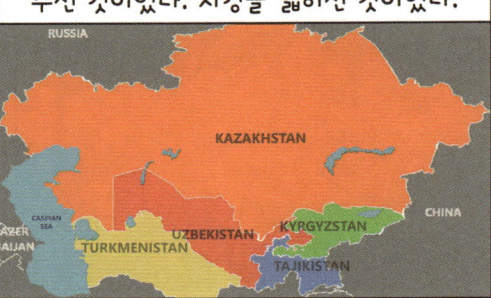

농아인들은 대화를 해보지 않는 이상 농아라는 사실을 알아차리기 어렵다.

그래서 그런지 농아 스스로도 본인이 장애인이란 사실을 인정하지 않으려는 경향이 있다.

스스로 정상인이 아니지만, 장애인도 아니라고 생각하기에 현실과 인식의 차이가 커서 현실 참여가 어렵다.

이런 이유로 이들을 이중(二重) 장애를 가졌다고 한다.

나의 꿈은 이런 이중 장애를 지닌 중앙아시아의 농아들이 삶을 회복 회복하는 것이다.

그들이 예수님을 만나 자기 자신을 있는 그대로 받아들이고, 은혜 안에서 자유함을 누리며 또 다른 농아들을 회복시키는 그런 날이 오기를 꿈꾼다.

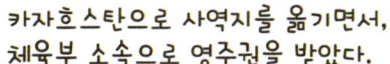

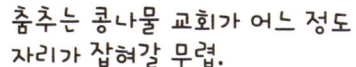

두부를 만들면서, 그 과정이 마치 하나님이 우리를 연단하고 쓰시는 과정과 비슷하다는 생각이 들었다.

먼저 콩을 깨끗이 씻어야 한다. 이것은 마치 죄로 가득한 우리를 보혈로 씻으시는 것과 같다.

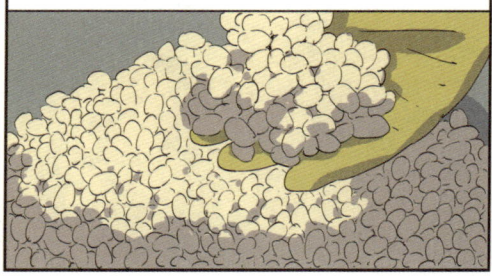
그 다음 콩을 불리면 콩이 2, 3배 크기로 불어나는데, 죄사함을 받은 우리에게 꿈을 주시고 격려해 주심이다.

이번엔 콩을 가는 과정이다. 콩을 갈 듯 우리의 자아를 갈아서 겸손하게 낮추신다.

콩을 처음 갈 땐 쿵탕쿵탕 소리가 요란하다.

갈리지 않으려고 반발하기 때문이다. 그만큼 자기를 부인하고 죽는 아픔이 있다.

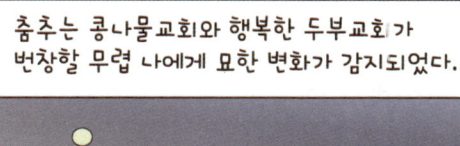

우린 이후에 뻥튀기를 통해 농아인들의 자립 터전을 만들기 위해 노력했다.

자동차에 뻥튀기 기계를 싣고 다니며 낮엔 뻥튀기를 팔고 밤엔 복음을 전했다.

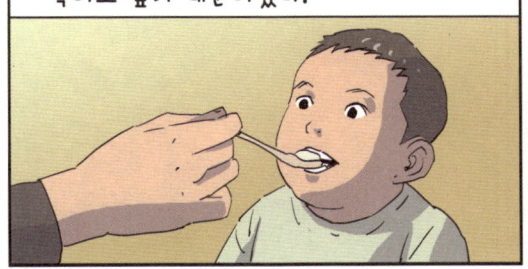
이처럼 일터 교회를 세우려는 이유는 아비 된 마음으로 농아 한사람, 한사람을 먹이고 싶기 때문이었다.

보통 농아들이 카페나 레스토랑을 다니며 열쇠고리나 인형을 팔며 생활하는데,

이런 아이들이 예수를 믿으니까 이젠 장사를 하며 예수님을 전한다.

농아축구팀도 마찬가지다. 골을 넣으면 세리머니를 통해 '예수님은 구원자입니다!' 라며 복음의 메시지를 전하고 있다.

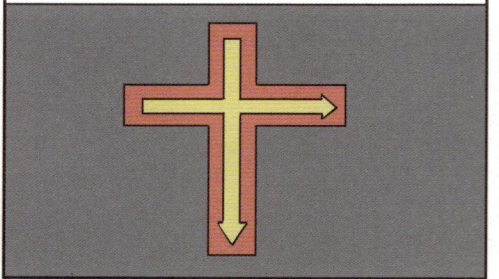

12장

아 숨이 차도록 감사합니다

내가 죽으면 시신을 한국으로 가져오지 말고 우즈벡 농아교회 마당에 있는 살구나무 아래에 묻어주시오.

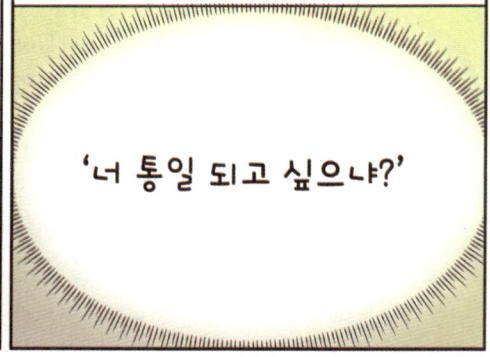

나에게는 하나님이 주신 3명의 자녀가 있다.

첫째 자식은 산고의 고통을 통해 자연분만으로 태어난, 우즈베키스탄 농아들이고.

둘째 자식은, 비교적 손쉽게 제왕절개로 태어난 카자흐스탄 농아들이며.

셋째 자식은 하나님께서 입양시켜주신 남북한 조선의 농아들이다.

2013년 10월에 '조선롱인축구팀'이 창단되었다.

그리고 이제 하나님께서 직접, 셋째 자식을 위해 움직이신다.

2014년, 2016년 12월, 두 번에 걸쳐 조선롱인 축구팀을 시드니에 초청해 그들에게 사랑 받는 존재임을 느끼도록 사랑의 훈련을 했다.

또 UN과 미국의 대북제재가 심했을 때도 북한 농아 축구팀을 브라질까지 인솔해 훈련과 편의를 제공했다.

이런 나의 행동에 주위에서는 대체 왜 그러냐며 성토와 협박까지 이어졌는데. 그럴 때마다 내 대답은 단 하나였다.

"하나님이 서로 사랑하라고 하셨기 때문입니다."

이처럼 북한의 농아인들을 향한 하나님의 사랑을 알기에 여전히 이 사명을 감당하고 있는 것이다.

허리신경이 마비된, 각기 다른 수화를 하며 소통이 되지 않는 두 나라의 통일을 생각하면 참 막연하고 막막하다.
개인적으로 통일은 '형제애의 회복'이 우선 되어져야 한다고 생각한다.

이 땅에 통일이 주어진다면, 그것은 분명 하나님의 선물일 것이다.

그 과정에서 우린 서로를 용서하고, 서로 사랑하면 되는 것이다.

끝날 때까지는 끝난 게 아니다.
It's not over, until it's over.